WIDMUNG

Dieses Buch ist all denen gewidmet,
die an das Universum und die schöpferische Kraft, die
in uns schlummert, glauben.

united p.c.

Renate Rauh

Manifestations-fibel

Make 1 Euro to 1.000.000 Euro
– it's just your frame
of mind

Alle Rechte der Verbreitung, auch durch Film, Funk und Fernsehen, fotomechanische Wiedergabe, Tonträger, elektronische Datenträger und auszugsweisen Nachdruck, sind vorbehalten.

Für den Inhalt und die Korrektur zeichnet der Autor verantwortlich.

© united p. c. Verlag

Gedruckt in der Europäischen Union auf umweltfreundlichem, chlor- und säurefrei gebleichtem Papier.

www.united-pc.eu

INHALT

Einleitung 9

Bewusstsein und Unterbewusstsein 14

Der Schlüssel zum Reichtum liegt in unseren Herzen 18

Plädoyer für Menschlichkeit 25

Durchhaltevermögen 26

Persönliche Einstellung 28

Vergebung 32

Gesetz der Anziehung 36

Methoden der Manifestation 43

Demut 51

Dankbarkeit 58

Schlüsselfrage 64

Ihr Persönlicher Akku 68

Über die Autorin 69

DANKSAGUNG

An dieser Stelle danke ich allen, die mich dazu ermutigt haben, den eingeschlagenen Pfad weiterzugehen, den Mut aufzubringen, ungewöhnliche Wege zu beschreiten und egal was kommt, an mich zu glauben.

Bedanken möchte ich mich ganz besonders auch bei Michael Klissner, der mir bei der Realisierung der Website und des Buches zur Seite stand.

EINLEITUNG

Nachdem ich mein erstes Buch veröffentlicht habe, wurde mir deutlich, dass es um mehr geht, als nur Erlebnisse jeglicher Art zu verarbeiten und einfach stehen zu bleiben. So habe ich mich gefragt, wie es nun weiter geht. Als dann noch eine Bekannte sagte, „Sie haben eine Mission" wurde mir klar: Wir haben es in der Hand, was wir aus unserem Leben machen. Deshalb widme ich dieses Buch dem Thema „Manifestieren". Denn letztendlich ist es „just the frame of your mind", was Gedanken zu Materie werden lässt.

Manifestieren bedeutet, das nicht Sichtbare greifbar bzw. zur Realität werden zu lassen. Wir können damit das Leben erschaffen, das für uns stimmig ist, indem wir unsere Gefühle und unser Denken bewusst lenken.

Manifestieren beginnt da, wo Träume enden. Nämlich im TUN.

Es ist wie Lotto spielen. Kam Karl zu Gott und beschwerte sich bitter bei ihm: „Lass mich endlich Millionär werden mit einem Lottogewinn!". Gott hörte sich sein Klagen an und antwortete mit ernster Miene: „Junge gib mir doch auch die Chance! Kauf endlich einen Lottoschein."

Exakt so ist es! Es ist unser Geist und vor allem die Gefühle, die das Manifestieren gelingen lassen. Denken Ursache Wirkung. Wie sagte Einstein: „Der Geist steht über der Materie." Wenn wir es denken können, können wir es auch erschaffen." Es funktioniert im Negativen wie im Positiven. Alles, was sich in Materie manifestiert, entstand zuerst in unserem Denken. Jeden Tag haben wir die Möglichkeit, Neues zu erschaffen und Freude daran zu empfinden.

Das Geheimnis des Manifestierens liegt darin, dass Sie sich so fühlen, als wäre Ihr Wunsch bereits erfüllt. Wichtig dabei ist, den angestrebten Zustand oder Gegenstand in der Gegenwartsform zu formulieren, z. B. Ich besitze einen MINI in der Farbe Pepperwhite mit schwarzen Stoffsitzen und Lederlenkrad. Deshalb hänge ich an meine Formulierungen „So oder besser" dran.

Je detaillierter Sie formulieren, desto wahrscheinlicher ist es, dass Sie genau diesen erhalten. Mein größter Wunsch war, wieder einen MINI mit dieser Farbe zu bekommen. Mein jetziger ist noch schöner und besser ausgestattet als mein alter war. Plötzlich poppt eine Seite im Internet auf oder Sie erhalten einen Tipp zu diesem Wagen. So ging es mir, als ich nachts nicht schlafen konnte und um 04:00 Uhr morgens aufwachte und die Werbung im Internet für genau diesen MINI in meine Augen fiel. Am gleichen Tag noch habe ich ihn reserviert und ein paar Tage später abgeholt.

Das gleiche machte ich noch mit der nicht mehr erhältlichen MINI-Dogge, dem Plüschmaskottchen.

Je klarer Ihr Ziel ist und desto stärker Sie sich darüber freuen, z. B. den MINI bereits zu besitzen, mit ihm zu fahren, desto schneller kommt er zu Ihnen.

SO TUN, ALS OB IST DAS GEHEIMNIS!

Ein Millionär fühlt sich wie ein Millionär, bevor er es ist. Er trägt bereits das Bewusstsein in sich. Er kleidet sich entsprechend, wählt seine Worte positiv und das Geld einladend und zieht somit genau die Gelegenheiten und Menschen in sein Leben, die ihn seinem Ziel näherbringen. Jetzt gilt es nur noch die Signale wahrzunehmen und die inneren Antennen auf Empfang zu setzen.

Das Universum funktioniert wie eine Sendestation. Nehmen Sie das Radio. Wenn Sie einen bestimmten Sender hören wollen, müssen Sie die entsprechende Frequenz einschalten.

Bevor wir nun mit den Techniken beginnen, ist es Voraussetzung, dass wir den Boden für die Saat und später die Ernte vorbereiten. Der Boden steht für das Bewusst- und Unterbewusstsein, auf das ich später noch komme.

Wie tun wir das?

Wir müssen uns vom Kampfmodus verabschieden und in den Flow Modus kommen. Die Energie muss fließen.

Wir tun dies, indem wir prüfen wie unsere Mindsets, unser Denken und unsere Einstellung zu Reichtum, Wohlstand und Geld ist. Wobei das für jeden etwas anderes sein kann. Für Reichtum gibt es viele Definitionen. Wollen wir den derzeitigen Wohlstand erhalten und steigern, sollte unser Fokus und Denken auf Frieden und ein menschliches Miteinander gerichtet sein. Wir sollten das Konsumieren von negativer Berichterstattung stoppen und stattdessen Aktivitäten wählen, die das Herz und die Liebe fördern.

Vielleicht stammen auch Sie aus einer Generation, die sagt:

„Ich glaube nur, was ich sehe."

„Das Geld wächst nicht auf den Bäumen."

„Geld stinkt."

„Geld verdirbt den Charakter."

„Geld verschwindet so schnell, wie es gekommen ist."

„Wer viel hat, kann viel verlieren."

Mit diesen und weiteren wird es nicht leicht, Wohlstand in unser Leben zu ziehen.

Deshalb ist es wichtig, die Schubumkehr zu machen und sich positive Affirmationen jeden Tag zu verinnerlichen,

wie z. B.:

„Geld fließt mit Leichtigkeit zu mir."

„Geld liegt auf der Straße."

„Geld ist Freude."

„Geld regiert die Welt."

„Geld bietet mir die Möglichkeit, mir alles leisten zu können, was ich mir wünsche."

„Ich liebe das Geld und das Geld liebt mich."

„Ich bin ein Magnet für Geld. Ich ziehe das Geld an."

„Wohin ich auch schaue, gibt es Geld im Überfluss."

und vieles mehr.

Laden Sie das Geld ein, wie Sie einen Freund oder eine Freundin einladen.

Reichtum und Wohlstand ist nicht nur Geld, sondern auch das Glücklichsein, vor allem die Gesundheit, dass die Grundbedürfnisse gedeckt sind und Sie mit sich und Ihren Mitmenschen im Reinen sind. Es gäbe noch viele Beispiele aufzuzählen. Wenn wir in Balance und in unserer Mitte sind, fließen Dinge zu uns.

Doch jeder von uns hat seine ganz eigene Vorstellung davon, was ihn oder sie glücklich macht, wie er oder sie sich reich fühlt.

Kein anderer als wir selbst kann uns glücklich machen. Unsere erste Pflicht ist es, uns selbst glücklich zu machen. Es ist nicht unsere Aufgabe dafür zu sorgen, uns für das Glück der anderen verantwortlich zu fühlen, sondern in erster Linie, dass wir uns um uns selbst kümmern. Dies ist kein Egoismus, sondern Nächstenliebe. Denn wenn Sie glücklich sind, sind Sie in der Lage, für andere ein Leuchtstern zu sein.

BEWUSSTSEIN UND UNTERBEWUSSTSEIN

Die Grundlage für ein erfolgreiches Manifestieren ist eine aufgeräumte Basis: Das Unterbewusstsein. Jeder von uns verfügt über ein Bewusstsein und ein Unterbewusstsein. Das Bewusstsein ist das, was wir wahrnehmen, sehen, fühlen und hören können. Die Spitze des Eisbergs, welche aus dem Meer herausschaut. Das Unterbewusstsein ist der weitaus größere Teil des Eisbergs, welcher nicht sofort sichtbar unterhalb der Oberfläche schwimmt. Es ist der mächtigere Teil. In ihm sind alle Erlebnisse, Traumata, Erfahrungen, Eindrücke und Gedanken abgespeichert. Gewöhnlich kümmern wir uns recht wenig darum, bis zu dem Moment, in dem etwas zwickt oder wir in einer Krise landen.

Dann sind wir gezwungen, der Sache auf den Grund zu gehen und aufzuräumen.

Unser Unterbewusstsein ist unsere geheime Schatzkammer. Deshalb sollten wir sie sauber und gepflegt halten.

Wenn wir in unserem Leben die positiven und schönen Dinge haben möchten, ist es erforderlich, dass wir unser Unterbewusstsein mit positiven und schönen Erlebnissen füttern.

Stellen Sie sich vor, Sie bekommen heute 500.000 Euro geschenkt. Welches Gefühl löst es in Ihnen aus? Würden Sie Luftsprünge machen? Oder würden Sie sich fragen, ob das alles rechtens ist und damit Zweifel streuen, dass Sie es verdient haben? Je höher Ihr Selbst-Wert, desto mehr erhalten Sie materielle und immaterielle Geschenke in jeglicher Form.

Wir sollten es uns wert sein, beschenkt zu werden. Erst wenn wir offen und bereit sind, kann die Fülle in unser Leben kommen.

Es ist, als wenn der Postbote klingelt und Ihnen das bestellte Päckchen bringt. Sie kämen dann auch nicht auf die Idee, zu hinterfragen, ob das Päckchen wirklich für Sie ist. Genauso funktioniert Manifestieren.

Sie geben Ihre Bestellung auf und warten bis die bestellte Ware zu Ihnen kommt. Sie geben die Bestellung einmal auf und vertrauen darauf, dass die richtige Ware zur richtigen Zeit eintrifft. Deshalb ist das Loslassen ein wichtiger Bestandteil des Manifestierens.

Wir können nur das erschaffen und in unser Leben holen, was unserer Schwingung entspricht. Gleiches zieht Gleiches an.

Reichtum zieht Reichtum an. Armut zieht Armut an.

Umso bedeutender ist es, die Altlasten zu entsorgen und Platz für die schönen Dinge, Menschen und Erfahrungen, die nun in unser Leben kommen möchten, zu machen.

Es geht nicht nur um die materiellen Dinge, sondern auch Immaterielles, wie Beziehungen, Gefühle, Gedanken.

Alles, was sich für uns stimmig und gut anfühlt, werden Sie mit Leichtigkeit und Freude in Ihr Leben bekommen.

Behalten Sie Ihre Pläne und Ziele für sich. Denn je mehr Menschen Sie davon erzählen, desto mehr werden sie Sie davon abbringen. Wer selbst nicht den Mut aufbringt, kann nur schwer ertragen, wenn der oder die andere an ihm oder ihr vorbeizieht. Wenn Sie von Ihren Vorhaben berichten möchten, dann sollten Sie darauf achten, dass es Menschen sind, die schon weiter als Sie sind. Die bereits auf einer Stufe stehen, die für Sie noch erstrebenswert ist.

Es ist wie die Geschichte des Adlers und den Hühnern:

Ein Adler Ei wurde versehentlich unter die Hühnereier gelegt. Eines Tages schlüpften alle aus den Eiern, einschließlich dem kleinen Adler. Er wuchs mit ihnen auf, adaptierte das Verhalten seiner Hühnerfamilie und verhielt sich wie alle. Er wusste nicht, dass er über andere Fähigkeiten verfügt. Erst als er einen Adler am Himmel sah, wie er mit seinen kräftigen Flügeln große Kreise drehte, schaute er sich an und stellte fest, dass er anders als die anderen um sich herum auch Flügel hatte. Da war es um ihn geschehen. Er ließ einen lauten Schrei, schwang seine Flügel und flog hinauf. Weg war er und schwebte von nun an in den höheren Sphären und genoss die Freiheit der Lüfte.

Genauso verhält es sich mit uns. Oft ist uns gar nicht bewusst, über welch wunderbaren Kräfte, Fähigkeiten und Talente, wir verfügen. Wir sollten uns öfter bewusst machen, dass wir Wunder der Natur sind. Jeder Herzschlag, jedes Atmen und die Erneuerung unserer Zellen sind nur wenige Beispiele, dass wir jeden Tag dafür dankbar sein sollten.

Erinnern Sie sich an das Gefühl, als Sie das erste Mal so richtig verliebt waren? Genau dieses Gefühl ist es, das wir beim Manifestieren benötigen. Es läuft unbewusst ab.

Wir sollten brennen für unser Vorhaben und uns in das erreichte Endergebnis ganz und gar verlieben bzw. reinfühlen können.

Mit dieser Methode habe ich große Erfolge während meiner Präsentationstrainings erzielt. Wir üben so lange, bis Sie sich vor Ihrem Publikum, das Standing Ovation gibt, reinversetzen können.

DER SCHLÜSSEL ZUM REICHTUM LIEGT IN UNSEREN HERZEN

Für das Manifestieren ist das Herz von großer Bedeutung. Denn alles, was Sie von Herzen möchten, kommt in Erfüllung.

„Man sieht nur mit dem Herzen gut. Das Wesentliche ist für die Augen unsichtbar.", sagte der kleine Prinz von Antoine de Saint-Exupéry.

Ziele sind schön, doch was kommt danach?

Deshalb bin ich mittlerweile davon überzeugt, dass es mehr geben muss, als irgendwelchen Idealen und Vorbildern hinterher zu hechten. Es sollte Sinn bieten und unsere Herzen berühren. Denn es wird immer jemanden, der besser, schneller usw. ist als Sie geben. Welchen Preis sind Sie bereit zu zahlen?

Erst als ich begriffen habe, dass ich zur richtigen Zeit am richtigen Ort bin und ich so wie mich Gott oder eine Kraft geschaffen hat, ideal bin, fiel die Last von meinen Schultern.

Es liegt an uns, ob wir das Rattenrennen mitmachen oder andere Wege finden, das Leben zu führen, das sich für uns gut anfühlt und in dem wir wieder unser Strahlen oder Leuchten zurückbekommen und auf Dauer erhalten.

Vögel säen nicht und werden dennoch satt.

Wir erhalten jeden Tag Geschenke und sollten dankbar dafür sein. Es ist ein Geschenk, jeden Tag gesund aufzuwachen, atmen zu können und das Beste aus dem Tag zu machen.

Möchten wir blühende Landschaften, ist es logisch und

verständlich, dass wir den entsprechenden Samen ausstreuen und zu gießen haben. Wenn ich Tomaten möchte, würde ich auch nicht auf die Idee kommen, Karottensamen zu streuen. Handeln ist die Lösung.

Möchten wir Frieden, Wohlstand, Gesundheit und Freude, dann muss unser Fokus auf Frieden, Wohlstand für Alle, Gesundheit und auf Freude ausgerichtet sein.

Wenn Sie sich die Zustände in einigen Ländern der Welt anschauen, ist dort der Fokus in eine andere Richtung ausgerichtet.

Irgendwann kam auch bei mir der Punkt, dass ich mich fragte, weshalb die Leichtigkeit, die Unbeschwertheit und das Spielerische weniger wurde. War es mir doch so leicht gelungen, Dinge und Situationen in mein Leben zu rufen.

Die Antwort: Irgendwann kam der Erfolgs- und Leistungsdruck. Ich musste funktionieren, weil ständig eine neue Anforderung auf mich zukam. Als gewissenhafter und zuverlässiger Mensch merkst du gar nicht, dass du in eine Falle läufst, wenn du nicht aufpasst. Plötzlich weicht die Leichtigkeit dem Druck. Dann war da noch die vermeintliche Sicherheit, die in Wirklichkeit gar nicht da war.

Wie sieht es aus mit der Wärme in den Herzen der Menschen?

Herzenswärme spüren Sie bei Umarmungen und sehen es in den Augen.

Mein Eindruck ist, nachdem ich in anderen Ländern war, dass die Herzen in manchen Ländern immer mehr erkalten.

Wie sonst lässt sich diese schwindende Hilfsbereitschaft, Isoliertheit, Narzissmus und das Ellenbogenverhalten erklären? Mit dem Satz „Seit Corona ..." manifestieren wir genau dies. Deshalb sollten wir die Manifestation in die Richtung von Lebensfreude, Feiern, gute Laune und „Alles ist möglich" richten.

Reichtum zieht Reichtum an.

Armut zieht Armut an.

Es ist nicht nur der äußerliche Reichtum. Auch der innere Reichtum. Wir können viele materielle Dinge besitzen und dennoch bettelarm sein.

Liebe und Angst haben keinen Platz im gleichen Haus.

Wo Hass und Wut herrscht, gibt es keinen Frieden. Wo kein Frieden kein Reichtum.

Wenn wir uns auf die LIEBE und den REICHTUM, den dieser Planet zu bieten hat, konzentrieren, wird Frieden einkehren.

Wir sollten Brücken zwischen den Weltbildern und Religionen bauen, anstatt Schützengräben zu buddeln.

Licht ist immer stärker als die Dunkelheit. Stellen Sie eine Kerze auf und Sie werden feststellen, dass die Dunkelheit dem Licht weicht.

Wollen wir die Schönheit, den Reichtum dieser Erde erhalten und vermehren, sind wir alle aufgefordert, die Liebe, die vom Herzen ausgeht, zu stärken.

Viele sagen, dass seit Corona das Zwischenmenschliche auf der Strecke geblieben ist. Es ist nicht Corona oder ein irgendwie gestaltetes Konstrukt, es ist unser Bewusstsein und die Art, wie wir als Menschen es leben und mit diesen Ereignissen umgehen.

Wir sind in der Lage, uns diese Welt zu erschaffen, die wir uns vorstellen. Heute weiß man, dass die Vorstellung alleine nicht reicht, sondern es sollte verbunden sein mit dem Gefühl.

Es gibt viele Beispiele, die uns zeigen, dass das früher Unvorstellbare machbar ist.

Nehmen wir nur Elon Musk. Er wirkt wie ein Träumer, Visionär und aus meiner Sicht verspielt und abenteuerlustig wie ein Kind. Die besten Voraussetzungen, Visionen zu erreichen.

Wo sind unsere kindlichen Eigenschaften geblieben?

Mit diesem Buch möchte ich alle Menschen einladen, die selbst errichteten Zäune und Blockaden, die wir um uns herum geschaffen haben, langsam wieder zu öffnen für das Schöne in dieser Welt.

Manifestation funktioniert im Negativen genauso wie im Positiven. Alles, was wir gerade in der 3D Welt erleben, muss vorher erdacht worden sein, damit es in dieser Welt existieren kann.

Wir leben nicht auf einer Insel, die sicher ist. Was heute in Nahost ist, kann genauso schnell in Deutschland sein.

Daher ist es höchste Zeit aufzuwachen und im Sinne aller Frieden, Schönheit und Liebe zu manifestieren. So wie eine Rose ihre Schönheit zeigt, sollten wir unsere Schönheit nach außen tragen.

Seit ich den Satz verinnerlicht habe „Hilf dir selbst, dann hilft dir Gott!" läufts. Gott schickt Ihnen dann viele Helfer, um das gewünschte Endresultat zu erreichen. Wir sollten unsere Antennen auf Empfang stellen. Das fällt dann am leichtesten, wenn wir entspannt und in unserer Mitte sind.

Über die vergangenen Jahre war mein Stresspegel ständig am Limit. Ich habe mich jagen lassen wie ein Tier, das durch die Steppe gejagt wird. Heute nehme ich mich zurück, meditiere, bete, handle wo es Sinn gibt, und lasse die Dinge geschehen.

Plötzlich ergeben sich Möglichkeiten und Chancen, an die ich gar nicht gedacht habe.

Nun wird der ein oder andere sagen, „Ja aber …" Es ist doch so.

Übung:

Stellen Sie sich vor, Sie sitzen auf einem Stein am Meer, der Himmel ist blau, das Meer wie in Kuba ruhig und Sie genießen die Farben des Meeres Türkis, Blau, Hellblau, Dunkelblau. Sie sehen den weißen Sand und werden immer ruhiger.

Nach einer Weile kommt ein Wind auf, es ziehen die ersten Wölkchen vorbei. Langsam beginnt das strahlende Blau dem leichten Grau der Wolken zu weichen. Was geschieht? Das Meer verfärbt sich und verliert seine Leuchtkraft.

Nach einer weiteren Stunde ziehen dunkle

Gewitterwolken auf, die See wird unruhig, die Wellen schlagen höher und alles ist aufgewühlt. Sie sehen den Grund des Meeres nicht mehr.

Genauso ist es mit unserem Geist, Bewusstsein und Seele. Nur ein ruhiger Geist ist ein klarer bzw. fokussierter Geist.

Wir alle haben eine Seele. Wie sonst lässt sich unser Bewusstsein erklären. Haben Sie schon einmal einen Toten gesehen, wenn die Seele ihn verlassen hat und nur noch die Hülle auf der Bahre liegt? Dann verstehen Sie, was ich meine.

Seit ich mich mit diesem Thema befasse, fürchte ich den Tod nicht mehr, weil wir kommen und irgendwann wieder gehen. Die Zeit dazwischen haben wir eine Mission. Diese gilt es zu erfüllen. Wir sind eine Schöpfung und aufgefordert dafür zu sorgen, die Schönheit unseres irdischen Daseins zu erhalten und zu stärken. Es mag sich philosophisch anhören, ist es jedoch nicht. Immer wieder betone ich, dass ALLES mit ALLEM verbunden ist. In dem Moment, in dem wir die Dualität und Trennung leben, beginnt das Dilemma. Würden wir die Welt als Einheit betrachten, würden wir anders mit diesem fragilen Planeten umgehen.

Würden wir die Nieren, nämlich Meere, leer fischen?

Würden wir die Lungen dieser Erde, die Wälder, Urwälder, abholzen?

Würden wir in Ländern, die an Trockenheit leiden, Villen mit eigenem Pool bauen, bei denen das Meer direkt vor der Haustür liegt, wie in Griechenland?

Erst wenn wir dem Bösen Raum geben und uns darauf konzentrieren, geschieht genau das, was wir im Nahen

Osten sehen. Das Wort „nahe" sollte uns aufhorchen lassen, denn es zeigt, dass es nahe ist und nicht fern. Die Wellen können bis nach Deutschland schlagen, sie sind es bereits.

PLÄDOYER FÜR MENSCHLICHKEIT

Es ist schön, wenn Billionäre und Millionäre sich an den schönsten Spots dieses Planeten versammeln. Ich wünsche mir, auch sie mit diesem Buch zu erreichen, weil sie die Power haben, etwas zu bewegen.

Doch wie würde es auf dieser Erde aussehen, wenn die Balance wieder hergestellt wird?

Wer hat sie reich gemacht? Ist es nicht ein Großteil der Menschen, die heute am Existenzminimum leben, weil sie dem Konsum verfallen sind?

Geben und Nehmen ist die Lösung!

DURCHHALTEVERMÖGEN

Jeder verfügt über Begabungen und Talente, die wir nutzen sollten. Ich werde so lange Bücher, Beiträge und Fibeln veröffentlichen, bis die Saat aufgeht. Denn jedes Lebewesen auf dieser Erde hat es verdient, ein schönes Leben zu genießen!

Als ich im Haus von Henry Ford in Florida war, hat es mich sehr beeindruckt, dass er mehr als 90 Versuche unternahm, bis der Motor lief. Er wurde nicht müde, es immer und immer wieder zu versuchen, bis es funktionierte.

Wie viele Menschen laufen wie ferngesteuerte Roboter durch die Gegend, überleben nur noch mit Pillen und anderen Drogen, anstatt sich zu bewegen und im Rahmen ihrer Möglichkeiten aktiv zu werden?

Wir sollten Lösungen anstreben, anstatt Missstände einfach hinzunehmen. Schon Albert Einstein sagte sinngemäß, dass kein Problem auf derselben Bewusstseinsebene gelöst werden kann, auf der es geschaffen wurde. Es braucht einen Perspektivenwechsel.

Die Frage, die ich mir an einem bestimmten Punkt stellte, war schlicht und einfach „Was macht mich glücklich?" Wo lohnt es sich, einfach dranzubleiben.

Es sind Reisen, Schreiben, Zeichnen, Golf spielen, Arbeiten, die mich erfüllen, mich für die Natur und Tiere einzusetzen und vor allem unter tollen, herzlichen Menschen zu sein!

Wenn wir weiter gehen und uns nicht mehr an Ereignissen, die wir nicht mehr ändern können, festhalten, gibt es eine Kraft, die uns geschaffen hat, uns immer einen Weg ebnet und uns darin unterstützt, die richtigen Menschen, zur richtigen Zeit am richtigen Ort zu finden.

So wie z. B. das Management eines Golfunternehmens mich für ein Interview zum Thema „Golf als Therapie" interviewt hat. Es ist eine win-win-Situation für Beide. Darauf kommt es an! Diese Art von win-win-Situationen kommen dann immer öfters.

PERSÖNLICHE EINSTELLUNG

Wie ist Ihre Einstellung zu Geld und materiellem Besitz?

Wie ist Ihre Prägung aus der Kindheit und dem Umfeld?

Welche Gefühle lösen große Summen von Geld aus?

Was bedeutet für Sie Reichtum?

Reichtum entsteht im Kopf – Armut auch.

Übung:

Schließen Sie für eine Minute die Augen und spüren Sie in sich hinein, wie Sie über Geld denken und vor allem fühlen. Nehmen Sie ein Bündel Banknoten und fühlen Sie, wie es sich anfühlt. Löst es Freude oder Unwohlsein aus?

Stellen Sie sich vor, Sie haben zuhause Banknoten im Wert von 100.000 Dollar oder Euro oder sogar einer Million Dollar oder Euro.

Ist Ihr erster Gedanke ein Safe oder hoffentlich weiß es keiner, damit mich keiner ausraubt oder sind Sie völlig entspannt, weil Sie wissen, dass Sie sich jederzeit die Summe wieder manifestieren können?

Als ich diese Übung das erste Mal gemacht habe, hat sich bei mir ein sehr unbehagliches Gefühl bemerkbar gemacht.

Also bin ich der Sache auf den Grund gegangen.

Gelandet bin ich bei der Aussage, die ich oft zu hören bekam „Wer viel hat, kann viel verlieren."

Wie ist es denn, wenn die Sätze in Überzeugungen wie

diese geändert werden:

„Es ist alles in Fülle da."

„Es kommt immer wieder zurück."

„Bei dir wachsen die Bäume in den Himmel, wie du drauf bist."

„Du verdienst dein Geld im Schlaf. Du verdienst dein Geld mit Leichtigkeit."

„Geld zeigt den Charakter und lässt uns zu wunderbaren Engeln für Hilfsbedürftige werden."

„Wer viel hat, bekommt noch mehr." oder „Wo Tauben sind, fliegen Tauben hin."

Es liegt an uns, welche Überzeugungen wir pflegen. Unser Bewusst- und Unterbewusstsein ist wie unser Vorgarten, pflegen wir ihn oder lassen wir ihn zuwuchern. Wir sollten alles segnen und dankbar sein für das, was wir besitzen.

Ich traf viele Menschen, die ihre Bewunderung für mich ausdrückten, dass ich den Mut für alle meine Unternehmungen aufbringe, aber zugleich stimmte es mich auch nachdenklich, wo die Ursache lag, dass ich nie wirklich zur Ruhe kam und einiges auch nicht so lief, wie ich es mir gewünscht hätte.

An dem Tag, an dem ich die universellen Gesetzmäßigkeiten und das Leben der Reichen, wie Warren Buffett, Jeff Bezos, Elon Musk usw. studierte, änderten sich schlagartig meine Gefühle und Gedanken. Ich fühlte eine Sicherheit und traf plötzlich auf Gleichgesinnte.

Wenn ich 1.800 Euro je Tag schon als Coach und Trainer bekommen habe und ich es Wert bin, dass ich für 45 min. Vortrag 2.500 Euro bekam, muss noch mehr drinnen sein.

In der Suche nach Halt hatte ich mich zwischendurch in verschiedenen spirituellen Lehren etwas verzettelt. Es ist vergleichbar mit einem Boot, das den Kompass verloren hat und nicht so richtig weiß, welchen Hafen es nun ansteuern soll.

Wir sollten einen Fixstern haben, an dem wir uns orientieren. Früher haben die Seefahrer sich am Nordstern orientiert und wussten genau, wie sie ihre Fahrt fortsetzen. Da wir über unzählige Möglichkeiten verfügen, birgt es auch die Gefahr, dass wir vor lauter Überangebot gar nicht mehr wissen, was für uns wirklich von Bedeutung ist.

Muss es erst eine Lebenskrise sein, die uns wachrüttelt?

Oder erkennen wir schon rechtzeitig, dass wir uns ausklinken und uns bewusst entscheiden und manifestieren, was unser Leben ausmacht. Aus meiner Sicht sind wir nicht zufällig zu dieser Zeit, an diesem Ort. Gut, manche werden sagen, es passt und sind damit zufrieden.

Ich habe erkannt, dass ich eine Aufgabe zu erfüllen habe.

Meine Mission ist, mich für die Schönheit und die Harmonie auf dieser Erde einzusetzen mit meinen Talenten und Möglichkeiten. Und vor allem, dass der Reichtum für viele möglich ist! Als Buchautorin, Seminarleiterin und Coach erreiche ich viele Menschen. Es führt einfach kein Weg daran vorbei, Sie brauchen Geld, um Projekte zu pushen und Dinge voranzutreiben. Wer Geld hat, hat die Macht!

Die Natur hat für mich die stärkste Heilkraft! Die Tiere und Artenvielfalt machen diese Welt so lebendig. Denn sie brauchen keine Hochhäuser und Betonburgen.

Die Erde verfügt über Bodenschätze und andere Reichtümer. Wir sollten uns dafür stark machen, dass diese sinnvoll für ALLE nutzbar sind.

Nehmen wir eines meiner Lieblingsländer BRASILIEN. Wie können wir es zulassen, dass täglich der Regenwald abgeholzt wird! Wer schon einmal im Amazonas war, versteht was ich meine.

Die Welt ist ein fragiles Gebilde, das ins Wanken gekommen ist. Wir haben es in der Hand, wieder Stabilität zu schaffen.

VERGEBUNG

Wir müssen uns und anderen vergeben, um wieder frei zu werden. Je länger wir in Verstrickungen gefangen sind, desto mehr blockieren wir das Neue.

Es gibt so viel Geld und Lebensmittel auf der Welt und dennoch gibt es Kriege, Hungersnöte und Völkerwanderungen. Das alles müsste es nicht geben, wenn Vergebung und Liebe praktiziert wird.

Was Angst im Nacken auslöst und wie sie blockiert, dürfte ziemlich jedem klar sein. Vor allem, wenn Sie wissen, dass Sie viele Talente und Fähigkeiten besitzen, aber die Angst im Nacken vor der nächsten Post dich zum Erliegen bringt.

Erst der unerschütterliche Glaube zu Gott oder einer universellen Kraft, dass es immer einen Weg gibt, hat mir die Zuversicht und Gewissheit gegeben, dass es weitergeht.

Zurzeit ist alles, was fernöstlich klingt und mystisch aussieht hip. Wir stellen Buddhas in allen möglichen Variationen auf und hoffen, dass das Glück ins Haus kommt. Nein es kommt nicht, weil wir das Glück nicht in unseren Herzen vermuten.

Was ich festgestellt habe ist, dass diese Schöpferkraft in jedem von uns liegt. Wir verirren uns im Wirrwarr der Gefühle und verstricken uns in Glaubensrichtungen, dass wir irgendwann gar nicht mehr wissen, wer wir eigentlich sind und laufen wie verlorene Seelen umher.

Manifestieren ist die Kunst, an sich und seine Talente zu glauben und sie in die Tat umzusetzen.

Wenn wir uns auf einen Fixstern konzentrieren, finden wir

Halt in uns und unsere Seele kommt zur Ruhe und wir finden unser Strahlen zurück. Hört sich möglicherweise für den ein oder anderen seltsam an. Doch wie soll ich es beschreiben. Ich war immer auf der Suche nach einer Heimat, bis ich sie in mir gefunden habe. Heute weiß ich, wer ich bin, was ich kann und dass mir immer Hilfe zu Teil wird.

Haben Sie sich jemals die Frage gestellt, was Sie von Elon Musk oder anderen Billionären und Milliardären unterscheidet?

Ich denke es sind unsere selbst gesteckten Begrenzungen, die uns daran hindern, das vermeintlich Unmögliche zu erreichen. Wir wurden auf diese Erde eingeladen, um Erfahrungen jeglicher Art zu machen.

Mit uns Menschen ist es genauso. Wir verfügen über Begabungen und Möglichkeiten, die uns oft gar nicht bewusst sind. Unsere vom Staat auferlegten Strukturen pressen uns in ein unsichtbares und sichtbares Korsett, so dass sie irgendwann denken, dass es richtig ist. Nur die wenigsten hinterfragen, all diesen Irrsinn. Würden wir öfters die Frage stellen „Was wäre, wenn ..." oder „Warum nicht, ...", dann kommt vieles, was gerade ins Stocken geraten ist, wieder in den Fluss.

Was geschieht, wenn Sie in einen Fluss Äste, Steine und anderes Geröll packen. Immer mehr Geröll bleibt hängen, bis irgendwann ein Stau stattfindet und der Fluss über die Böschung flutet. Lassen Sie uns unser System wieder zum Fließen bringen und das Geröll beseitigen.

Im Kleinen funktioniert es, wenn es um die Manifestation eines Parkplatzes geht oder anderen täglichen Dingen. Doch wie sieht es mit den großen Vorhaben aus?

Als ich erkannt habe, dass ich im Kreieren von unglücklichen Umständen Meister war, wusste ich, dass es auch umgekehrt sein kann. Also habe ich begonnen, mich mit den Erfolgsstrategien der Superreichen zu befassen.

Meine Erkenntnis: Sie wissen genau, was sie wollen und haben eine klare Vorstellung von dem, was sie bewegt. Was machen wir, wir wissen manchmal sehr genau, was wir nicht wollen. Also lenken wir den Fokus in die falsche Richtung. Die Vermeidungsstrategie führt uns nicht ins Paradies. Sie hindert uns daran, das Beste aus unserem Leben zu machen.

Wollen wir zum Mond, dann müssen wir uns auf den Mond und nicht auf die Sonne ausrichten. Je klarer unsere Vorstellung ist und je stärker die Sehnsucht, desto mehr Chancen werden uns offenbart.

Worin liegt nun der wahre Reichtum?

Der wahre Reichtum liegt in uns und um uns herum.

Dieser Planet hat so viele Schätze, dass es für alle reichen würde. Doch das Bewusstsein und insbesondere die Gefühle sind nicht mehr in der Balance. Die Erde wehrt sich, indem sie uns eine Naturkatastrophe wie ein Hilfeschrei nach der anderen schickt. Tropenstürme, Feuerwalzen in Griechenland, Überschwemmungen, Tornados, Erdbeben, Kontinentalplattenverschiebungen und viele andere mehr.

Was machen wir, wenn in Griechenland die Insel verbrannt ist, wir haben genug Geld und gehen halt auf die Nachbarinsel.

Am Ende eines Jahres gibt es noch einen Rückblick auf die Geschehnisse des abgelaufenen Jahres, wir nicken mit dem Kopf wie der Dackel aus dem Mercedes der 60er Jahre, finden alles doch so furchtbar, hören möglicherweise die schon lange vorher aufgezeichnete Ansprache des Präsidenten, dass wir alle die Ärmel hochschlagen sollen.

Dann wird das Chapter zugeschlagen und wir gehen zum nächsten Kapitel über in der Hoffnung, dass alles so viel besser wird oder gar so bleibt.

Manifestation ist die Lösung!

Den Wohlstand und Reichtum werden wir nur durch LIEBE lösen und indem wir die Herzen öffnen. Sicherlich nicht mit Waffenlieferungen in alle Herren Länder!

Wenn wir zulassen, dass es direkt in unserer Familie und in unserem direkten Umfeld kracht, sind wir genauso verantwortlich wie die Täter.

GESETZ DER ANZIEHUNG

Wieso ziehen wir Menschen und Situationen an, die unserem Glück und Reichtum im Wege stehen oder sogar sabotieren?

Auf einer unbewussten Ebene haben wir gelernt oder gesehen, dass wir nicht über die Verhältnisse unserer Eltern hinauswachsen dürfen. Wir sabotieren uns selbst. Wir müssen die unsichtbaren Fesseln und Begrenzungen auflösen.

Wieso ziehen wir Menschen und Situationen an, die uns Glück bescheren und uns reich beschenken?

Weil wir begriffen haben, dass alles grenzenlos und erreichbar ist. Um das Mögliche zu erreichen, sollten wir das Unmögliche anstreben.

Erst wenn wir die begrenzenden Mindsets auflösen, ist das Manifestieren ein Kinderspiel.

Beginnen Sie spielerisch mit kleinen Vorhaben.

Ein paar Beispiele aus meinem Leben:

Ich wollte so gerne den Corcovado die Christusstatue bei blauem Himmel sehen. Doch wie komme ich dort hin. Die einfachste Art wäre, einen Flug nach Rio zu buchen.

Das Ziel muss konkret sein. Ich muss es vor meinem geistigen Auge haben. Imagination ist das Zauberwort. Dann kommt der entscheidende Faktor die Emotion hinzu. Erst die Kombination dieser zwei Punkte macht den Erfolg aus. Ich muss etwas tun, nämlich eine Möglichkeit finden, dort hin zu kommen, per Schiff oder mit dem Flugzeug.

In meinem Fall war es das Frachtschiff: Ich sitze am Pier von Hoek van Holland auf einem Felsbrocken, beobachte die Containerschiffe wie sie langsam den Kanal passieren und hinaus aufs offene Meer fahren. Erst wirken sie wie riesige Kolosse und je weiter sie die Meerenge passiert haben, je kleiner werden sie, bis sie irgendwann am Horizont verschwunden sind. Jetzt beginnt die Sehnsucht, auch oben im Führerhaus zu stehen. Je stärker ich mich dort hineinversetzt fühle, je deutlicher ich mich dort oben neben dem Kapitän sehe, desto konkreter wird das Verlangen.

Der Samen ist gesetzt, ich komme zurück und stelle mir vor, dass ich noch dieses Jahr meine Sehnsucht stille und zu einem akzeptablen Preis dorthin gelange. Wie ferngesteuert setze ich mich nach Rückkehr an meinen Laptop, google und was entdecke ich ein Unternehmen, was genau diese Reise anbietet, die innerhalb meines Budgets lag. Das Geld für diese Reise kam aus einem Investment, das exakt zu dieser Zeit zur Auszahlung kam.

Anderes Beispiel: „Das Geld liegt auf der Straße."

Je öfter ich dieses Mantra wiederhole, desto häufiger finde ich 1 Cent Münzen. Ich bücke mich, hebe es auf und freue mich, als hätte ich 1.000 Euro gefunden und sage laut gen Himmel „Bitte mehr davon". Was geschieht. Ich gehe weiter und finde noch weitere Münzen, bis ich eines Tages an der Bushaltestelle einen 50 Euro Schein vor meinen Füssen fand.

Beispiel: „Ich finde immer einen Parkplatz."

Mit dieser Einstellung und der 3-Finger-Technik werden Sie auch in überfüllten Gegenden einen Parkplatz finden.

Sie nehmen den Daumen, Zeigefinger und Mittelfinger

zusammen und sagen sich „Ich finde einen Parkplatz." oder „Der für mich optimale Parkplatz zeigt sich jetzt." Plötzlich ist er da. Vor Ihrem dritten Auge sehen Sie den Parkplatz bereits. D. h. Sie konzentrieren sich mit beiden Augen auf den Punkt zwischen Ihren beiden Augenbrauen.

Eliminieren Sie Ihre Erfolgsverhinderer, sofern Sie welche haben wie z. B.:

Ungeduld

Selbstzweifel

Mangelndes Selbstbewusstsein

Alt hergebrachte Mindsets

Eng gesetzte Grenzen, weil wir es nicht anders kennen nach dem Motto „Was der Bauer nicht kennt, das isst er nicht."

Zu schnelles Aufgeben oder Aufgeben kurz vor dem Ziel.

Wenn wir unser Ziel angepeilt haben, stehen unsere Antennen auf Empfang. Auf dem Weg zum Ziel empfangen wir Signale, Hinweise, die uns weiterhelfen. Dies können Plakatwerbungen sein, auf denen Sätze stehen wie „Du packst es!" oder der Aufdruck eines T-Shirts oder auf der Heckscheibe eines vorausfahrenden Fahrzeuges. Wir stellen plötzlich fest, dass wir in der richtigen Spur sind.

Sie kennen das Beispiel eines speziellen Kaufes. Nehmen wir an, Sie interessieren sich für eine blaue moderne 3-Sitzer-Couch. Nun begegnet Ihnen in der Werbung, im Kaufhaus oder Schaufester überall genau eine solche Couch. Diese waren schon vorher vorhanden. Da Ihr Fokus nicht darauf ausgerichtet war, sind Ihnen diese nicht sofort aufgefallen.

Oder nehmen wir das Beispiel mit Kuba. Sie interessieren sich für dieses Land als nächstes Reiseziel. Nun hören Sie plötzlich kubanische Musik, entdecken kubanische Restaurants, Zigarren, Oldtimer, Rumwerbung und vieles andere mehr.

Das Universum liefert Ihnen das gesamte Buffet. Jetzt geht es nur noch darum zuzugreifen und sich das beste Sahnestückchen herauszunehmen.

Weshalb funktioniert es so leicht mit einfachen Dingen und nicht unbedingt mit Geld?

Aus eigener Erfahrung kann ich nur sagen, dass wir unbewusst oder bewusst Blockaden in uns tragen, die das Geld verscheuchen. Denn kommen wir aus einer Familie, die genau wegen des Geldes zerstritten ist, lehnen wir auf einer tief in uns liegenden Ebene Geld ab. Dies, obwohl wir Luxusgüter, exklusive Reisen, Sportwagen, elitäre Kreise, Villen und vieles andere mehr faszinierend finden.

Ich hatte mehrere Schlüsselerlebnisse, in denen ich stolz war über mein Einkommen oder Gehaltserhöhungen und meinte, meine Freude darüber mit mir nahestehenden Personen teilen zu müssen. Die Reaktion war nicht so erquickend, so dass ich mich schon fast geschämt habe, dass ich mehr als diese Person bekam, wo sie doch wesentlich älter und in einer gehobeneren Position war.

Menschen, die wirklich sehr vermögend sind, machen sich darüber keine Gedanken und genießen ihre Gelder. Sie haben kein schlechtes Gewissen, dass sie zu den Reichsten der Welt gehören. Im Gegenteil sie ziehen noch mehr an, ohne sich dafür abrackern zu müssen. In Deutschland sagen wir „Der Teufel kackt immer auf den größten Haufen." oder besser gesagt „Wo Geld ist, kommt Geld hin."

Wir ziehen genau das an, was unserer Schwingung entspricht. Also ist die logische Konsequenz, dass wenn wir mehr Geld anziehen wollen, dass wir unsere Schwingung erhöhen und uns mit schönen Dingen und den entsprechenden Menschen umgeben.

Wie innen, so außen. Wenn wir uns schuldig fühlen oder Schuldgefühle haben, lassen die Schulden nicht lange auf sich warten. Diese bittere Erfahrung musste ich leider auch machen. Gerade zurzeit, in der jeden Tag die Angst geschürt wird, ist es nicht immer leicht, die Chance zu erkennen, die diese globale Krise bietet. Während Millionen von Menschen hungern und der Zukunft besorgt entgegenblicken, steigt die Zahl der Billionäre, Milliardäre und Millionäre. Wie lässt sich dieses Phänomen erklären?

Um wirklich frei zu sein, sollten wir allen vergeben haben, mit denen wir noch verstrickt sind. Für mich war das die schwierigste Aufgabe.

Das hawaiianische Ho'oponopono Ritual kann eine Möglichkeit sein. Einfach nach diesem Ritual googlen. Es ist auch ein kleines Buch von Ulrich Emil Duprée erhältlich. Das Ritual besteht aus diesen vier Sätzen:

I am sorry.

Please forgive me.

I love you.

Thankyou.

Es tut mir leid.	(Sie nehmen das Problem an)
Bitte verzeih mir.	(Wenn Sie sich oder andere Personen bewusst oder unbewusst verletzt haben)
Ich liebe Dich.	(Bedeutet, dass Sie sich und den anderen oder die andere bedingungslos lieben)
Danke."	(Dass Sie das Problem erkannt haben und heilen durften)

Durch die ständige Wiederholung dieser Sätze verändert sich die Schwingung und Körperchemie im Körper. Während Sie diese Sätze sprechen, stellen Sie sich die betreffende Person vor. Sie können dieses Ritual auch zu sich selbst vor dem Spiegel sprechen.

MUT, ZUVERSICHT UND FREUDE am Manifestieren, sind die besten Eigenschaften.

Angst, Zögern, Zweifeln und Festhalten am Bisherigen blockieren die Energie.

Wir leben in einer Welt der unbegrenzten Möglichkeiten und es gibt jeden Tag mehr Chancen als wir nutzen können.

„Der Glaube versetzt Berge." Nur wenn wir an den gewünschten Endzustand glauben, kann das Ergebnis auch tatsächlich eintreffen.

METHODEN DER MANIFESTATION

Nachfolgend finden Sie die für mich wirksamsten beschrieben:

TESLA

Nikola Tesla, ein Erfinder, hat angeblich auf diese Methode geschworen. Diese Methode wird nach ihm benannt.

Wie funktioniert sie:

- Sie finden für sich ein oder mehrere Ziele.
- Sie schreiben dieses oder diese am Morgen 3-mal handschriftlich auf.
- Am Mittag schreiben Sie diese 6-mal auf
- Am Abend schreiben Sie diese 9-mal auf
- Das Ganze wiederholen Sie für 33 Tage.

Bei der Zielformulierung ist es wichtig, dass Sie diese so formulieren, als sei das gewünschte Ergebnis bereits eingetroffen. Sie sollten sich gut fühlen mit dem Ergebnis.

Methode 5 x 55

Schritt 1: Was möchten Sie gerne erreichen?

Schritt 2: Sie schreiben Ihren Wunsch 55-mal handschriftlich nieder in dem Gefühl, als hätten Sie das angestrebte Ziel bereits erreicht.

Schritt 3: Sie machen dies an 5 aufeinander folgenden Tagen.

Schritt 4: Sie lassen in dem Vertrauen, dass es sich zur richtigen Zeit erfüllt, los.

In Ergänzung zu den zuvor genannten Zielen ist die Erstellung eines Vision Boards bzw. Zielcollage sehr empfehlenswert. D. h. Sie nehmen einen größeren Karton und kleben alle Symbole, Bilder oder Fotos darauf, die Sie ansprechen. Diese können aus unterschiedlichen Bereichen sein z. B. Urlaub, Beruf, Kleidung, Auto, Freizeit, Familie, Hobbys. Dann hängen Sie diese gut sichtbar an einer Stelle auf, die Sie immer sehen. Es dient der visuellen Unterstützung Ihrer Zukunft.

Wenn wir manifestieren, dass Tier und Mensch in Harmonie miteinander leben, wird das Universum dafür sorgen, dass es so funktioniert. Eine Dame erzählte mir von den Echsen auf Teneriffa, die nur deshalb überleben, weil die Möven dort ihre „Fundstücke", wie auch immer diese aussehen, abwerfen. Die Natur schafft ihren Ausgleich, wenn wir den Raubbau stoppen.

Wir Deutsche tragen immer noch das Karma oder Last des vergangenen Jahrhunderts mit uns herum, ohne uns darüber bewusst zu sein, wie stolz wir sein können, dass wir als kleines Land ein Vorzeigeland waren. Ja, ich sage waren. Was bleibt davon gerade noch übrig. Es gibt Autoren, die werden für ihre Aussagen an den Pranger gestellt und heute ist es Realität. Manifestieren wir Wohlstand in Deutschland und konzentrieren uns darauf, wird und ist der Wohlstand auch Realität. Wir haben immer noch ein recht hohes Niveau, doch zu welchem Preis.

Es gibt zu wenige, noch bezahlbare Wohnungen. Doch die gibt es, wenn wir uns dafür einsetzen. Wir sehen zu, dass wir uns verdrängen lassen. Es ist unsere selbsterfüllende Prophezeiung. Wir sind, was wir denken. Sie haben bestimmt schon erlebt, dass Sie an etwas denken und es unmittelbar eintritt nach dem Motto „Hoffentlich verkleckere ich nicht mein neues schönes Kleid." Und schon ist der erste Klecks auf dem Dekolleté angekommen. Verneinende Sätze kennt das Unterbewusstsein nicht und streicht die Verneinung „nicht" und sorgt dafür, dass Ihr Gedanke umgesetzt wird in „Hoffentlich verkleckere ich mein neues Kleid." Oder Sie sagen „Kind fall nicht." und schon liegt es auf der Nase. Deshalb ist die positive Formulierung so wichtig!

Der Reichtum dieser Erde ist die Artenvielfalt in der Natur, der Tierwelt und der unterschiedlichen Menschen.

Wir alle sollten daran arbeiten, dass die Meere sich erholen können. Was nutzt es dem oder der Bootsbesitzer/in, wenn er oder sie vor Sardinien in einer Kloake schippert? Als ich 2010 das erste Mal auf den Seychellen zum Schnorcheln war, fragte ich die Einheimischen, was daran so schön ist, die braunen Korallen zu sehen. Es war El Niño. Oh, dachte ich. Da wurde mir schnell deutlich, wie empfindlich die Unterwasserwelt ist.

Corona war die Chance für die Tiere und die Natur sich zu erholen und wieder atmen zu können. Was macht der Mensch, er verhält sich noch rücksichtsloser als zuvor.

Wie wäre es denn, wenn wir heute damit beginnen, jeder Einzelne ein Zeichen zu setzen, dass wir das Fest der Liebe Weihnachten mit einem bewussten Verzicht feiern und stattdessen Menschen zum Essen einladen, die wir seit Jahren nicht gesehen oder vergessen haben?!

Wie viele einsame Seelen sitzen verloren alleine in ihren Burgen traurig, dass sie nur noch auf dem Abstellgleis ihren letzten Tagen entgegensehen.

Wir sollten wieder menschlicher werden!

Wie sind die Reichen vermögend geworden, indem die Menschen die Ware gekauft haben. Also könnte ein Weg aus der Krise sein, dass sie von 100.000.000 Dollar oder Euro ein paar Millionen in noch mehr sinnvolle Vorhaben investieren, so dass neue Existenzen geschaffen oder in präventive Maßnahmen gesteckt werden.

Dann würde auch die Zahl der psychisch Kranken in Deutschland anstatt nach oben nach unten gehen.

Besuchen Sie ein Pflegeheim für ältere Menschen. Dann wird einem sehr schnell bewusst, was in der Welt ungerecht ist.

Wenn die „Ver-rückten", die aus dem Hamsterrad rausgeflogen sind, weil sie zu viel und zu schnell gestrampelt haben, eine Diagnose bekommen, die sie noch mehr runterzieht, braucht es doch sehr viel Kraft, sich wieder nach oben zu kämpfen. NEIN, sie sind nicht gestört, sondern ausgebrannt und halten dem Druck nicht mehr stand. Es ist der immer steigende Druck, der die Menschen in die Armut treibt.

Allen voran die gesetzlichen Krankenkassen! Selbst wenn sie um den Gesundheitszustand ihrer Mitglieder wissen, scheuen sie sich nicht vor lauter Profitgier und vermeintlicher Machtüberlegenheit, das Mitglied in die Pleite zu treiben oder in die Psychiatrie. „Wenn Sätze fallen, wie wir müssen den Druck auf Frau ... erhöhen, um an unsere Beiträge zu kommen" ist der Punkt erreicht, an dem diese Organisation unter den Prüfstand sollte. Wie kann es sein, dass wir zulassen, dass in einem Industrieland wie Deutschland die Medikamente ausgehen? Wie kann es sein, dass wir Apotheken

Megastores haben und gleichzeitig so viele Menschen über gesundheitliche Beschwerden sprechen.

Es gibt herzerfrischendere Themen, die es aufzugreifen gilt.

Wann waren Sie das letzte Mal tanzen?

Wieso veranstalten wir nicht öfters privat einen Tanztee oder Tanzabend?

Was hindert uns daran, den ersten Schritt zu gehen?

Tanzen tut der Seele und dem Herzen gut. Gleichzeitig lassen wir wieder Nähe und Wärme zu.

Ist es nicht unser ureigenstes Recht, einfach nur ein gutes, glückliches und sorgenfreies Leben zu haben. Gott oder wie auch immer Sie diese universelle Kraft nennen mögen, hat diesen wunderbaren Planeten geschaffen, damit wir ALLE glücklich und harmonisch leben können. Er hat diesen Planeten nicht als Schlachtfeld für Egomanen, profitgierige Menschen oder Narzissten geschaffen.

Wir brauchen eine Bewegung und Ruck in Deutschland, die sich für unsere WERTE einsetzt. Wer macht den Anfang?

Jetzt mag der ein oder andere sagen, die ist nur neidisch oder gönnt mir den Reichtum nicht. Ich gönne jedem, was er oder sie erschaffen hat, doch auch ich lebe genauso wie Abermillionen Lebewesen auf dieser Kugel und habe ein Recht darauf, das Meer, den Urwald, die Berge, die Wälder, den Himmel und die Tierwelt in ihrer Einzigartigkeit zu genießen.

Schauen Sie sich die Krebsrate, die Diabetesrate, die

Herzerkrankungen und vor allem die psychischen Erkrankungen an. Dann wird Ihnen auffallen, dass im Westen und vor allem in Ländern, die vor Konsum und Produktangeboten überbersten, am höchsten sind.

Wenn es irgendwo zwickt oder schmerzt, laufen wir in die Apotheke, anstatt unser Leben unter die Lupe zu nehmen und zu schauen in welchen Bereichen es besser laufen könnte. Es ist die unbequemere Alternative. Ich bin kein Gegner von Arznei und Arztbesuchen. Was ich jedoch weiß, ist, dass alle von uns sehr genau spüren, was tatsächlich fehlt.

Für mich ist ein schönes Gespräch, eine liebevolle Umarmung, eine Einladung oder auch der Aufenthalt in der Natur wirkungsvoller als viele Pillen.

Ich bin nicht abgehoben, um zu wissen, dass es zurzeit nicht leicht ist, die Zwischenmenschlichkeit in Deutschland zu pflegen, weil es wie ein einziger Überlebenskampf wirkt. Denn irgendwie müssen die Mieten und die Lebenshaltung gesichert werden.

Dennoch setze ich mich dafür ein, dass wir wieder auf ein Level kommen, indem die Menschlichkeit die Gier nach Profit überwiegt.

Laut DAK Report haben die psychischen Belastungen ein neues Rekordhoch erreicht. Anstatt die Ursache anzugehen, schicken sie diese Alarmmeldungen in den Space. Was tun sie zur Lösung der Ursache? Ich habe vor, ein Projekt Golf als Therapie ins Leben zu rufen. Golf hat leider noch das Image eines elitären Sportes. Das mag wohl so sein. Doch der Sport schafft aus meiner eigenen Erfahrung heraus die ideale Grundlage, die Psyche mit zu regenerieren. Das habe ich in meinem vorherigen Buch bereits beschrieben und ist unter meiner

Webseite www.renate-rauh.com nachzulesen. Auch hier arbeite ich mit Manifestationen.

In meinen Seminaren arbeitete ich mit dieser Technik. Sie haben beim Golf eine super Möglichkeit, gleich das anvisierte Ergebnis zu testen.

Die Pharmafirmen jaulen, weil der Aktienkurs nach dem Impfdebakel in den Keller geht.

Vor kurzem traf ich einen vierfach geimpften Herrn, der gerade einen starken Coronaverlauf überlebt hat. Erst Sehstörungen, dann ohnmächtig und zu guter Letzt hat der Herzschrittmacher verrückt gespielt. Was tut er? Nichts. Ist froh, dass er es überlebt hat.

Genau hier sollten wir ansetzen. Wir sollten öfters hinterfragen, wo die Ursache für unsere Beschwerden liegt.

Wenn Sie darüber sprechen, dass Sie nicht genug Geld haben, wird nach dem law of attraction noch weniger Geld auf das Konto gespült. Also sprechen wir darüber, wie reich wir sind, dass wir in Fülle leben, alles easy going auf uns zukommt und visualisieren uns genau das, wonach wir uns sehnen.

Wunder werden geschehen.

Wann erwachen wir und leben die Liebe?

Es gibt auch die Spiegel Methode von Silva Mind:

Stellen Sie sich einen Spiegel vor mit ihren Schulden, Dingen oder Situationen, die Sie nicht mehr haben möchten, Ist-Situation. Dann wischen Sie ihn leer. Anschließend nehmen Sie den sauberen Spiegel und packen dort alles drauf, wie Sie gerne Ihr Leben in den schönsten Farben haben möchten. Das machen Sie morgens und abends bevor Sie schlafen gehen. Schon nach kurzer Zeit stellen Sie fest, dass sich Ihre Einstellung ins Positive verändert. Wichtig ist, dass Sie an einem bequemen Ort und entspannt sind.

Wenn wir uns die Geschwindigkeit anschauen, mit welcher sich Nachrichten und Situationen von jetzt auf gleich ändern, sollten wir innehalten und manifestieren, wie wir die Zukunft haben möchten. Weg von der Angst hin zu Fröhlichkeit, Leichtigkeit und Freude.

Anstatt uns einzuigeln könnten wir auch auf andere zugehen.

Wir könnten Sparringpartner finden. Es empfiehlt sich, Menschen und Organisationen zu gewinnen oder mit ins Boot zu holen, die hinter ihren Visionen bzw. Vorhaben stehen.

DEMUT

Als ich etwas geknickt und frustriert war, weil manches nicht so lief, wie ich es gerne gehabt hätte, bin ich wieder in Beichtstuhl in die Liebfrauenkirche nach Frankfurt, die meine erste Anlaufstelle in solchen Situationen war. Dort traf ich einen Bruder, der mich einlud, für 50 Cent morgens das Café im Innenhof zum Frühstück zu besuchen und mich verwöhnen zu lassen. Es hat mich viel Überwindung gekostet. Weshalb? Weil ich weiß, wie es sich anfühlt, in einem der Cafés der Stadt zu essen. Was war nun der Unterschied: Die ehrenamtlichen Helfer waren sehr freundlich, warmherzig und darum bemüht, dass egal woher jemand kam, wie er oder sie gekleidet war, mit der gleichen Liebe bedient wird. Mit welcher Hingabe diese Aufgabe ausgeführt wird. Aus meiner Sicht sollten viele in dieses „Café", um zu sehen, wo Not am Manne oder Frau ist. Es sind Schicksale und liebenswerte Menschen, die sicherlich nicht alle freiwillig in bestimmte Situationen „gerutscht" sind und auf der Straße leben. Einige haben diesen Weg auch freiwillig gewählt. Manche haben sich aufgegeben. Ich weiß heute, wie schwer es ist, immer wieder daran zu glauben, dass alles irgendwie Sinn macht.

Vor einem neuen Virus, egal ob es die von mir frei erfundenen Varianten SARS-8.5.3.1 oder Covidus-X.y.10^3 sind habe ich keine Angst oder Sorge, sondern vor dem Verhalten unserer Spezies „Mensch"! Wie unberechenbar diese Spezies ist, können wir täglich sehen und hören. Meine Mission wird deshalb sein, dass wir wieder zur Menschlichkeit und Wärme zurückkehren.

Man muss keine Schwarzmalerei betreiben, um zu sehen und zu spüren, wie es auf dieser Kugel brodelt. Es ist vergleichbar mit einer Suppe auf dem Herd, während du zum Bäcker läufst und vergisst, dass dort etwas köchelt.

Ich erinnere mich an eine Situation aus meiner Kindheit als das Öl in unserer Küche Flammen schlug bis knapp unter die Decke, während meine Mutter kurz zur Oma ging. Sie hat mir nicht geglaubt, weil sie dachte, dass das wieder irgendeiner meiner Streiche ist. Erst als sie meine Verzweiflung wahrnahm, ging sie mit und hat den Flächenbrand verhindert. Im schlimmsten Fall wäre unser komplettes Haus abgebrannt.

Genauso ist es zurzeit. Wir bekommen unzählige Hinweise und Bilder. Anstatt endlich die Sache in die Hand zu nehmen, schauen wir den nächsten Krimi oder Schlagerparty und freuen uns, dass wir in einer warmen Stube sitzen.

Weshalb ist es ein gutes Gefühl, Billionär oder Millionär zu sein?

Weil wir dann die Macht und Möglichkeiten haben, gravierende Dinge zu bewegen. Mit diesem Buch ist die Intention, dass wir die positive Schwingung und Strahlkraft unserer Seele erhöhen! Wie viele Menschen begegnen Ihnen täglich mit einem Leuchten in den Augen?

Heute habe ich die Google App für Nachrichten deaktiviert und filtere bewusst die Informationen, die mich erreichen sollen und die mir gut tun.

Wie wäre unser Miteinander, wenn wir nur noch mit einem Lächeln, Humor, Fröhlichkeit, Höflichkeit aus dem Haus gehen?

Wie würde die Umgebung aussehen, wenn wir der Natur mit mehr Respekt begegnen?

Wie würde die Welt aussehen, wenn wir weniger Tiere essen und stattdessen andere Produkte auf dem Speiseplan stehen?

Wie würden die Meere aussehen, wenn wir einen Monat auf Fisch bewusst verzichten?

Wie würde die Welt aus dem Weltraum betrachtet aussehen, wenn wir, anstatt Wälder abzuholzen und alles zuzubauen, die Grünflächen ausdehnen?

Ich glaube fest daran, dass wir den Weg aus der Krise schaffen, indem wir weg von der Manipulation der Medien hin zu einer Mehrheit von Menschen, die positive Schwingungen verbreiten, kommen.

Sei es mit einer speziellen „Good vibes" Bewegung oder Veranstaltungen, indem Musiker Festivals mit der richtigen Herz-Frequenz von 432 Hz veranstalten.

Übung:

Nehmen Sie sich kurz ein paar Minuten Zeit. Atmen Sie drei Mal bewusst ein und aus. Stellen Sie sich nun einen ruhigen Bergsee in den Alpen vor. Eine friedliche Atmosphäre. In der Ferne hören Sie ein paar Vögel zwitschern, neben Ihnen der Igel, welcher gerade durch das Laub streift. Dann nehmen Sie einen kleinen Stein und werfen ihn weit auf den See hinaus. Was geschieht? Für einen Moment hält alles inne. Doch dann sehen Sie wie um den Stein herum eine Welle nach der anderen entsteht bis die letzte Welle die Ufer erreicht.

Und genauso können wir mit kleinen Aktionen großes in eine gute Richtung bewirken. Friedlich, ohne Kleber, ohne dass wir irgendjemanden schaden, jemandem etwas wegnehmen. Denn das Universum kennt keinen Mangel nur Fülle!

Es liegt an uns, dass wir uns auf den oder die andere zubewegen und willkommen heißen. Die Initiative ergreifen und Wellen der Freude und Optimismus erzeugen.

Corona hat uns gespalten und in böse und gut eingeteilt. Uns manipuliert, indem die Ungeimpften ausgegrenzt wurden. Wie wir heute nicht mehr leugnen können, gibt es viele Impfnebenwirkungen und Insolvenzen, die hätten vermieden werden können. Die Anzahl der Meldungen ist so hoch, dass wir wie beim Essen, übersättigt sind und unsere Ohren auf Durchzug schalten.

Als mir einer sagte, „sei doch einfach mal normal." Dann weiß ich nicht, was er meint. Was ist normal? Ist es normal, egoistisch zu sein und nur materielle Dinge anzuschaffen oder auf alles zu verzichten? Ist normal, Künstler, Musiker, Coach oder Bauer zu sein. Wer definiert „normal"? Die sogenannten „Normalen" sind in der Psychiatrie zuhauf anzutreffen. Oder laufen die Verrückten frei rum. Diese Frage bietet Stoff für viele Variationen.

Würden wir über diese Schätze und Kunstwerke verfügen, wenn wir alle „normal" wären:

Gäbe es Werke von Michel Angelo, Salvador Dali?

Bauwerke wie das Taj Mahal, die Christusstatue in Rio, den Eifelturm, die chinesische Mauer, Burj al Arab?

Meisterstücke von Ludwig van Beethoven, Bach, Mozart, Schubert?

Tesla, Virgin Galactic, Boeing, Zeppelin

Apple, Smartphones und KI

Wo beginnt das Genie und wo wird es gruselig?

Wann gerät der Mensch in eine Krise, egal ob Sinn- oder Lebenskrise? Wenn die Seele kotzt. Entschuldigen Sie die Sprache. Wenn er oder sie entgegen seiner oder ihrer Bestimmung und entgegen seiner oder ihrer Talente lebt. Wenn er oder sie nicht mehr in das vorgefertigte Käfig passt. Wir MÜSSEN wieder zulassen, dass die Andersartigkeit Raum hat.

Und damit meine ich nicht das Gendern und all den Hype um den Regenbogen. Es ist eine Ablenkung von den wahrhaft wichtigeren Aufgaben, die es auf diesem Planeten zu lösen gibt. Würden wir die Toleranz leben, müsste dieses Thema nicht medienwirksam ausgeschlachtet werden.

Was wir denken, erschaffen wir.

Das Internet ist übersät mit Kommentaren und Hate Nachrichten. Wieso setzen wir diese Energie nicht ein, indem wir uns treffen und an einem Strang ziehen, indem wir Lob und Komplimente aussprechen!

Nehmen wir den Spitzensport. Ein erfolgreicher Sportler geht im Geiste immer wieder das bevorstehende Spiel durch, bis es in Fleisch und Blut übergegangen ist. Aus eigener Erfahrung weiß ich, dass es funktioniert. In meinen Präsentationstrainings mit Klienten bin ich das bevorstehende Ereignis immer und immer wieder durchgegangen bis der Klient seinen Autopiloten analog zum Flugzeug eingesetzt hat. Wie in Trance hat er oder sie seine Veranstaltung mit Bravour absolviert.

Übung:

Setzen Sie sich bitte auf einen Stuhl, schließen die Augen und stellen sich im Geiste ein Schloss vor. Sie kommen zum Schlossgraben, eine Brücke wird herabgelassen, sie überqueren die Brücke und kommen durch einen großen Bogen in den Innenhof des Schlosses. Vor Ihnen steht ein Paar, das Sie in einen großen Saal begleitet, in dem eine riesen Tafel mit köstlichen Speisen bereit steht. Sie nehmen Platz und bedienen sich am Obst usw. Sie fühlen sich beschützt, wertgeschätzt und pudelwohl.

Mussten Sie dafür in einem echten Schloss sein? Die Antwort lautet „Nein". Die Vorstellung im Geiste und das Gefühl reichen aus, um genau dieses Ereignis zu schaffen. Je sehnlicher der Wunsch, desto höher die Wahrscheinlichkeit, dass Sie demnächst in eine Atmosphäre dieser Art eingeladen werden.

Wie zuvor beschrieben, habe ich das Beispiel, wie ich auf das Containerschiff gekommen bin, erzählt. Indem ich am Pier saß und mir vorgestellt habe, wie ich oben auf der Brücke neben dem Kapitän auf das weite Meer hinausfahre.

Genau so funktioniert „Manifestieren"!

Es reicht nicht aus zu wünschen. Wünsche bleiben Wünsche, wir müssen aktiv werden, indem wir das Gefühl miteinbeziehen und unsere Sinne schärfen. Das Universum führt uns zu unserem angestrebten Zustand.

Ganz wichtig ist das Loslassen. Sobald wir den Auftrag abgeschickt haben, kommt das Vertrauen, dass er zur richtigen Zeit und zum Wohle aller ausgeführt wird. Vor dem Schlafengehen versetzen Sie sich nochmals in den Zustand, dass das anvisierte Vorhaben bereits eingetreten ist und bedanken sich.

Ideal ist es mit kleinen Dingen zu beginnen.

Wir schaffen uns die Realität, wie wir sie uns zuerst denken.

Sätze, die Sie immer wieder sprechen sollten, weil sie unserem Unterbewusstsein gut tun, können sein:

Ich habe Wohlstand auf allen Ebenen verdient.

Ich bin es mir wert, nur das Beste zu gönnen.

Ich bin es mir wert, mir nur die schönsten Dinge zu leisten.

Ich verdiene Geld und Wertstücke in unbestimmten Mengen, die weit über meine Vorstellungskraft hinausgehen.

Ich ziehe wertvolle Menschen an wo immer ich bin und wo immer ich gehe.

Ich bin immer zur richtigen Zeit am richtigen Ort und tue genau das Richtige.

Ich bin eine liebenswerte Frau oder Mann und genieße die Herzlichkeit, die mir zuteil wird.

DANKBARKEIT

Bedanken Sie sich mit Sätzen, wie z. B. diesen:

Ich bin dankbar für alle Geschenke, die ich täglich erhalte.

Ich bin dankbar für meinen wunderbaren Körper.

Ich bin dankbar für meine Gesundheit.

Ich bin dankbar für mein Dach über dem Kopf.

Ich bin dankbar für meine Kleidung.

Ich bin dankbar für mein Essen.

Ich bin dankbar für meinen Wagen.

Ich bin dankbar für meinen Schmuck.

Ich bin dankbar für meine Bücher.

Ich bin dankbar für meine Stifte und Malutensilien.

Ich bin dankbar für mein Talent, mit Leichtigkeit wunderbare Cartoons zu malen.

Ich bin dankbar für meine Begabung, meine Gefühle ausdrücken und zu Papier bringen zu können.

Ich bin dankbar für meine kreative Art.

Ich bin dankbar für meine Schuhe.

Ich bin dankbar für meine Sinne, dass ich mich ausdrücken, sprechen, hören und fühlen kann.

Neben der Dankbarkeit ist es wichtig, dass wir auch das segnen, was wir bereits besitzen. Segnen bedeutet positiv zu sprechen und das Gute und Schöne anzunehmen. Wenn wir gut von etwas sprechen, wächst und gedeiht es. Wir sollten unser eigenes Leben segnen genauso wie unser Portemonnaie, dann wird es immer gefüllt sein. Zum Beispiel bedanke ich mich regelmäßig für die Segnungen des Universums, dass es, auch zum Wohle aller, meine Bedürfnisse erfüllt.

Mittlerweile habe ich auch realisiert, was der Spruch heißt „Ohne Leiden kein Wachstum." Veränderung ist nicht immer einfach.

Manifestation funktioniert in beide Richtungen, sowohl negativ als auch positiv. Das fatale an der Sache ist, dass wir uns oft nicht bewusst sind, in welche Richtung wir gerade unterwegs sind.

Durch die ständige Smartphone Präsenz sind wir versucht, die neuesten Nachrichten rund um den Globus zu konsumieren. Da diese ich schätze mal nach dem Pareto-Prinzip 80 % negativ und nur 20 % positiv sind, müssen wir uns nicht wundern, wenn manches nicht so läuft, wie wir es gerade möchten.

An dieser Stelle muss jeder selbst entscheiden, wie wichtig es ist, ständig und überall präsent zu sein.

Hierzu fällt mir wieder der Spruch ein: „Willst du etwas gelten, mach dich selten."

Wir müssen nicht ständig online sein.

Die ständige Smartphone Präsenz birgt auch die Gefahr, dass sie uns auch abbringt von unserer Richtung im Leben. Wir haben eine Informationsflut und Fülle an Möglichkeiten, dass es zu einer wahren Reizüberflutung kommen kann.

Je klarer wir spüren und wissen, was der Sinn unseres Daseins ist, desto weniger sind wir empfänglich für alles, was uns vom Weg abbringt.

Es gibt viele Menschen, die in ihrer Komfortzone verharren, auch wenn sie sich nicht wohlfühlen. Ist ok, wenn sie damit zufrieden sind. Doch wenn du merkst, dass du feststeckst und ausbrennst, wird es Zeit zu handeln, bevor sich die ersten Wehwehchen einstellen.

Unser Körper gibt uns die ersten Signale. Wir haben einen Schutzmechanismus in die Wiege gelegt bekommen. Die Frage ist nur, welchen Bezug wir zu uns selbst haben und ob wir dieses Gespür hegen und pflegen.

Je stressiger unser Leben ist, desto weniger realisieren wir die Signale.

Daher empfehle ich, dass Sie Termine mit sich selbst vereinbaren und des Öfteren in Stille verharren, damit Ihr Geist ruhig ist. Denn je ruhiger der Geist, desto leichter ist das Manifestieren.

Wenn wir uns auf die Frequenz des Empfangens und Annehmens eingewählt haben, fließt die Energie. Geld ist nichts anderes als eine Form von Energie. Je mehr wir Reichtum in seiner Form freudig empfangen, vermehrt es sich. Es ist, als würden Sie Ihre Freunde herzlich empfangen.

Was uns oft davon abhält, die grenzenlose Fülle des

Universums zu erfahren, ist die mangelnde Vorstellungskraft und unsere Begrenztheit. Es ist interessant zu beobachten, dass für manche Menschen diese Grenzen nicht existieren.

In unserer Gesellschaft, speziell in Deutschland, werden die Menschen mit Angst in Schach gehalten. Jeden Tag eine neue Hiobsbotschaft. Letztlich liegt es an uns, ob wir es zulassen, dass sie uns erreichen oder nicht.

Nehmen wir Verbindlichkeiten, die an einem kleben, wie eine Fliege am Fliegenfänger. Je mehr Sie versuchen, diese loszuwerden, desto stärker steigen sie. Erst wenn Sie sich mit Einnahmequellen beschäftigen, fallen Ihnen die tollsten Möglichkeiten in die Hände.

Wir sollten die Perspektive wechseln. Manchmal hilft auch ein kurzfristiger Ortswechsel als Pause oder ein Ticket ins Glück, wie ich es nenne, um die Kreativität wieder fließen zu lassen.

Wir sind, was wir denken und fühlen. Wir sind mehr als nur Fleischgewebe, Muskeln, Pickel und Haarbesatz. Wir verfügen über einen Geist, der weit über das hinaus geht, was wir in unserer dreidimensionalen Welt wahrnehmen.

Wenn wir es denken können, können wir es auch manifestieren.

Welche Methode uns liegt, hängt von unserer Art zu denken ab.

Das komplette Leben ist Risiko. Sie wissen nicht, ob Sie morgen wieder aufwachen, was hinter der nächsten Straßenecke lauert, welcher profilierungssüchtige Befehlsempfänger einer Amtsstube es auf Sie abgesehen hat.

Also weshalb nicht ein Risiko eingehen, dass Sie selbst ausgewählt haben.

Nehmen wir den Bitcoin. Wer hätte diese Entwicklung vor 10 Jahren gedacht. Wenn Sie damals 1.000 Euro investiert haben, sind Sie heute Multimillionär.

Was uns oft davor abschreckt ist die Tatsache, dass wir es nicht greifen können. Also was machen wir? Wir wählen Methoden, die schon längst überaltet sind.

Kommen wir auf die Angst zurück. Angst lähmt und lässt uns erstarren. Ich habe das am eigenen Leib zu spüren bekommen. Es interessiert letztendlich keinen von der Bank, der Versicherung, der Krankenversicherung usw., ob es Ihnen gut geht oder nicht.

Wenn wir unseren Fokus auf Freude und Fülle ausrichten, fließt genau das in unser Leben.

Halten Sie sich von Menschen fern, die Ihnen einreden möchten, dass Sie verrückt, unrealistisch und völlig abgehoben sind. Nein das sind Sie nicht!

Depressive Menschen leben ein Leben, das nicht ihrem Seelenplan entspricht. Also liegt die Lösung darin, zu schauen, wie denn deren Leben lebenswert ist.

Wir müssen die Komfortzone verlassen. Oft ist die Komfortzone keine. Wenn wir lange genug warten, katapultieren wir uns selbst da raus.

Wenn jemand mit dem zufrieden ist, was er oder sie hat,

ist das völlig in Ordnung. Doch wenn dem nicht so ist, wird es Zeit, sich auf den Weg zu machen.

SCHLÜSSELFRAGE

Was macht Sie glücklich?

Das war die Frage, die mich dazu aufforderte, mich auf den Weg zu machen. Es gibt immer Wege, sich aus einem Dilemma zu befreien.

Wie wichtig dabei die Wortwahl ist, zeigt dieses Beispiel: Als ich den Satz „Dieses Jahr verbringe ich Weihnachten nicht allein." in „Dieses Jahr verbringe ich Weihnachten an einem wunderbaren Ort mit lieben Menschen." änderte, bekam ich Einladungen, mit denen ich zuvor nicht gerechnet hatte.

Wie bereits zuvor erwähnt, kennt unser Unterbewusstsein das Wort „Nein" nicht und streicht es aus unserer Affirmation. Was bleibt ist unser zuvor genanntes Beispiel „Dieses Jahr verbringe ich Weihnachten allein." Genau hier liegt die Krux. Wir sollten vielmehr auf unsere Wahl der Worte und unsere Gedanken achten. Denn mit ihnen bestimmen wir die Ernte unserer Saat.

Oft sind in uns, gerade wenn wir schlechte Erlebnisse hatten, Verlustängste so tief verankert, dass wir das Gefühl haben, dass gar nichts vorwärts geht.

Wenn wir in dem Bewusstsein der Fülle und dass alles unbegrenzt im Universum zur Verfügung steht, leben und dies auch erfahren, fließt die Energie des Empfangens.

Ein Beispiel vom Flughafen:

Als ein Mann mich aufgeregt fragte, ob ich für ihn mit meinem Telefon telefonieren könne und ich 5 Euro bekäme, merkte ich, was es bedeutet, für den anderen da zu sein. Er hatte sein Smartphone bei seinem

Bekannten im Wagen, der ihn zum Flughafen brachte, liegen lassen. Sein komplettes Leben sei auf dem Smartphone. Er müsse nach Thailand. Er bot mir weitere 20 Euro, wenn ich ihm helfe, dieses zu beschaffen. Während er eincheckte, rief ich immer wieder an, bis sein Bekannter sich dann meldete. Die Situation ging glücklich aus.

Ich hatte ein gutes Gefühl, weil ich annehmen konnte. Früher hätte ich geholfen, ohne einen Ausgleich zu bekommen.

Wir sollten unseres Wertes bewusst sein. Denn daraus entsteht unser Selbstvertrauen. Wie wollen wir dem Leben und dem Reichtum vertrauen, wenn wir das Vertrauen verschüttet haben.

Aus dem kleinsten Korn kann ein riesen Mammut entstehen. Wunder geschehen dann, wenn wir sie nicht erwarten.

Die Welt ist voll mit Wundern. Eines davon sind SIE.

Frei im Geist werden wir erst dann, wenn wir all den Unsinn, der momentan um uns herum herrscht, hinterfragen und beschließen, manches einfach nicht mehr hinzunehmen. Wir müssen ausbrechen aus dem Korsett von immer neuen Regelungen, Gesetzen und Einschränkungen!

Es gab Zeiten, da fühlte ich mich wie der Pinguin im falschen Element. Stecke einen Pinguin in die Sahara, bewegt er sich auch nicht mehr lange und er vertrocknet.

Mein Leben hat dann eine Wende genommen, als ich keine Nachrichten mehr konsumiert habe. Ich habe meinen Fokus auf Reichtum und Fülle in jeglicher Form ausgerichtet.

Meine Affirmation jeden Morgen vor dem Spiegel:

„Renate ich liebe dich, du bist wunderbar und zauberhaft".

„Renate du packst das.".

Wenn mir dann noch meine engsten Verbündeten sagen: „Wenn es einer packt, dann DU.", hilft mir das.

Woran erkennen wir echte Freunde?

Sie erkennen sie daran, dass sie sich genauso mit Ihnen freuen, wie Sie selbst. Sie unterstützen Sie in jeglicher Form, machen Ihnen Mut, sind für Sie in jeder Situation im Rahmen deren Möglichkeiten da. Sie machen Ihnen keine Vorhaltungen, Schuldgefühle und reden Ihnen ständig ein, was Sie falsch gemacht haben. Sie zeigen Empathie, Mitgefühl und bewahren Sie davor, auf die Klippe zuzurennen. Sie verhindern den Absturz.

Sie haben ein offenes Herz für Sie.

Ein guter Freund definiert sich für mich, wenn er für Sie da ist, wenn Sie in Not sind.

Wie viele Menschen geben sich täglich auf, weil ihnen der Sinn abhandengekommen ist. Dabei gibt es täglich mehr Chancen und Möglichkeiten, als wir nutzen können. Egal, ob mit viel oder wenig Geld. Oft erkennen wir in den kleinen Dingen das Besondere.

Während meiner Zeit auf Kuba habe ich gespürt, dass die menschliche Wärme und Lebensfreude mehr wert ist als nur materieller Besitz. Wenn Beides stimmt, umso besser. Das eine bedingt nicht das andere.

Was bietet uns Sinn?

Was bringt einen Vogel morgens zum Zwitschern?

Was bringt Ihr Herz zum Singen?

Das sind die Fragen, die ich mir und die andere mir oft gestellt haben.

Beobachten Sie Kinder und deren Neugier. Sie leben diese Fragen.

Es ist Zeit, wieder lebendig zu werden!

IHR PERSÖNLICHER AKKU

Um erfolgreich zu manifestieren und die Fülle in unser Leben zu holen, braucht unser Akku Energie und wir unser Strahlen.

Für mich sind es die Begegnungen mit Menschen, Tieren und der Natur, das Reisen, Golfen, Schreiben und Zeichnen.

Welche Faktoren, Hobbys oder andere Aktivitäten sind Ihre, für die Sie sich Zeit nehmen?

Ich wünsche mir sehr für die Zukunft, dass immer mehr Menschen all das nicht mehr Hinnehmbare hinterfragen und eine Welt der Freude, des Miteinanders, des Mitgefühls und des Lachens manifestieren und auf dass viele Wunder auf Sie warten!

Ihre

Renate Rauh

ÜBER DIE AUTORIN

Renate Rauh lebt im Rhein-Main-Gebiet, wenn sie nicht auf Reisen ist. Sie ist eine Überlebenskünstlerin und schafft es durch ihr Improvisationstalent und ihren ausgeprägten Willen, aus jeder Situation das Beste zu machen.

Sie ist Expertin zum Thema Kommunikation, Präsentation, Auszeiten, Balancefindung und Verbesserungsprozesse, auch wenn es um die Zusammenarbeit in Unternehmen geht. Durch ihre eigenen Höhen und Tiefen kann sie Lösungen aufzeigen, damit es wieder vorwärts geht.

Ihre Liebe zur Natur und zu den Tieren verbindet sie mit Zeichnen und Schreiben. Riesenschildkröten und Meeresbewohner haben ihr Herz erobert.

Neben Reisen, um anderen Menschen und Kulturen besser zu verstehen und kennenzulernen, ist Fliegen und Golfen ihre große Leidenschaft.

Schon immer ist Renate Rauh eine Forscherin, Entdeckerin und auf der Suche nach der Wahrheit. In unserem Kosmos gibt es keine Zufälle, alles hat seinen Sinn, selbst die tiefste Lebenskrise.

Ihre Lebensreise führte sie über viele Stationen, unter anderem:

- einen amerikanischen Konzern DYNACHEM, Hersteller von Feststoffraketen für die Raumfahrt als Übersetzerin und rechte Hand des technischen Leiters
- eine Wirtschaftsberatende Sozietät Boesebeck, Barz & Partner mit namhaften Unternehmen aus Industrie und Wirtschaft
  als Büroleiterin eines geschäftsführenden

Partners
- die Metallgesellschaft AG später mg technologies ag von ca. 40.000 Mitarbeitern im Bereich Führungskräfteentwicklung und Leitung des konzernweiten Betrieblichen Vorschlagswesen
- ihre eigene Firma Rauh Coaching International als freiberufliche Managementtrainerin und Coach für überwiegend technische Unternehmen und die Touristik
- Abgerundet hat sie ihr Profil mit zahlreichen Aus- und Weiterbildungen u. a. als zertifizierte Trainerin, Akkreditierung für Persönlichkeitsprofile, Kundalini Yoga Stufe II sowie Themen rund um die Psyche, mentale Bereiche und das menschliche Gehirn
- und last but not least war sie nebenbei als Redakteurin für Golf mental und die Beschreibung von Golfplätzen aktiv

Mehrmonatige Aufenthalte in Indien, Seychellen und anderen Ländern, nutzt sie, um ihren Horizont zu erweitern und aufzuzeigen, wie Menschen unterschiedlicher Herkunft ticken und wir durch ein Verständnis für die Andersartigkeit und Toleranz die Welt zu einem besseren Ort machen können. Besonders beeindruckend empfand sie die Zeiten auf einem Frachtschiff von Rotterdam nach Brasilien sowie die Aufenthalte in Brasilien, Indien, Seychellen, Thailand, Cuba und Griechenland. Denn letztlich haben Mensch und Tier nur ein gemeinsames Ziel:

Ein Leben in Frieden, Freiheit und Liebe ♥

Impressum

Autorin und Herausgeberin

www.renate-rauh.com, Email: mail@renate-rauh.com

1. Auflage 2024
Copyright© Renate Rauh
Alle Rechte vorbehalten

Die Umsetzung der Informationen und Übungen erfolgt eigenverantwortlich. Das Werk wurde nach bestem Wissen und Gewissen erstellt. Die Geltendmachung jeglicher Ansprüche ist ausgeschlossen.

Zeichnungen und Fotos:

Hintergrund des Titelbildes
Pixabay, von TheDigitalArtist

Realisierung, Kuvert und Layout:

KSC Service and Consultation LLP
www.ksc-service-llp.cf, Email: ksc.serviceoffice@gmail.com
Michael Klissner, Senior / Managing Partner
www.michael-klissner.cf, Email: michael.klissner@gmail.com

Milton Keynes UK
Ingram Content Group UK Ltd.
UKHW020047181024
449757UK00011B/561

9 783710 330049